Sie werden von den alltäglichen Tücken des Schicksals herausgefordert:

- der Schlagzeuger, der auch vom stärksten Wecker nicht wach wird,
- die Hamburgerin, die Horoskope und einen bayrischen Busfahrer liebt,
- die Hausfrau, die Socken sortiert,
- der Kellner, der dem Koch misstraut,
- der Straßenkehrer, dem die Möwen beim Leeren der Papierkörbe helfen,
- der Frosch, der vom Apfel beinahe erschlagen wird,
- das Schwein, das sich durch die Sprache diskriminiert fühlt,
- der Supermarktkunde, dem noch 345 Fußballaufkleber fehlen,
- und schließlich die Rentnerin, die ihren kleinen Staubsaugerroboter gegen ein Luxusmodell eintauschen muss.

Grit Kirschbaum arbeitete als Programmiererin, studierte Sprachen und lebt derzeit als freie Autorin in der Nähe von Hamburg.

Grit Kirschbaum

Staubsaugerroboter und Weckerkatze

Die Deutsche Nationalbibliothek verzeichnet diese Publikation in der Deutschen Nationalbibliografie; detaillierte bibliografische Daten sind im Internet über www.dnb.de abrufbar.

© 2014 Grit Kirschbaum
Lektorat: Friederike Bilinski
Herstellung und Verlag: BoD – Books on Demand, Norderstedt
ISBN 978-3-735-75081-5

Inhalt:

Wecker für einen Drummer oder:
Die Radlowsche Katze 7

Möwenfrühstück am Hafen 12

Sockenmemory – Gedanken einer
Hausfrau 16

Worte eines Knödelkellners 19

Livekonzert der *Taffen Affen* 22

Der Frosch im Herbststurm 27

Staubsaugerroboter 28

Sammelbildertreueaktion 48

Das neue Narkosemittel oder: Im Metrobus
durch Hamburg 55

Wecker für einen Drummer oder: Die Radlowsche Katze

„Es hat geklingelt!", brüllte mir mein Nachbar Gregory Radlow ins Ohr und rüttelte mich an den Schultern, bis er lahme Arme bekam.

„Was ist denn los?", murmelte ich.

„Meine Güte, Bodo, wach auf!", sagte Gregory. „Es ist Montagmorgen und fünf nach sechs. Dein Wecker hat geklingelt. Dein Doppelglocken-Monsterwecker mit extra langer Weckzeit. Das war sogar drüben bei mir im Kuhstall zu hören."

Ach richtig! Ab heute musste ich ja *tagsüber* zur Arbeit – total ungewohnt für einen, der drei Jahrzehnte lang Schlagzeuger in einer Kneipenband war und tagsüber zu schlafen pflegte. Aber die Kneipe hatte dichtgemacht, und ich war froh, in meinem Alter noch eine gute Arbeit gefunden zu haben.

„Danke, Gregory", sagte ich. „Der Wecker war wohl nicht laut genug, und meine innere Uhr geht immer noch nach dem Mond. Ich mach's wieder gut. Du hast einen Wunsch frei."

„Gib ihr 'ne Maus oder 'ne Ratte oder sonst was zu fressen", sagte mein Nachbar.

„Wie bitte?!" – Ach so: Minka war ihm mal wieder gefolgt, die Radlowsche Katze. Anhänglich, neugierig und – nimmersatt. Denn schon als ich zum Kühlschrank ging, leckte sie sich das Mäulchen und ich sah, wie ihr darin das Wasser zusammenlief. Ich gab Minka ein Stück Leberwurst, und dann beeilte ich mich, dass ich pünktlich zur Arbeit kam.

Nach Feierabend ging ich als Erstes ins Einkaufszentrum und kaufte mir noch ein paar Wecker dazu: den Feuerwehrwecker mit Martinshorn, einen MP3-Wecker mit Lindenbergs Panikorchester und das Modell *Dynamit* mit Countdown und anschließendem Explosionsgeräusch.

„Es hat geklingelt!", brüllte mir Gregory Radlow ins Ohr und rüttelte mich, bis er lahme Arme bekam.

„Was ist denn los?"

„Meine Güte, Bodo, wach auf!", sagte Gregory. „Es ist Dienstagmorgen und fünf nach sechs. Deine Wecker machen einen Heidenradau. Du hast meine Kühe erschreckt."

„Danke Gregory", sagte ich, „wahnsinnig nett von dir. Und – tut mir leid mit den Kühen." Ich gab Minka eine Frikadelle zu fressen und beeilte mich, dass ich pünktlich zur Arbeit kam.

Im Einkaufszentrum, nach Feierabend, befragte ich einen Fachmann.

„Tja", sagte mir der Verkäufer, „wenn Sie auf akustische Wecker nicht reagieren, versuchen Sie's mal mit den optischen. Manche Menschen wachen auf, wenn sich das Licht um sie herum verändert."

Also kaufte ich einen Projektionswecker, der die Uhrzeit an die Tapete wirft, einen Wecker mit Lasershow, einen Sonnenaufgangs-Wecker, dessen Licht nach und nach heller wird, sowie den Wecker mit Blaulicht, *Peterwagen* genannt. Abends aktivierte ich sie – zusammen mit all den anderen Weckern.

„Es hat geklingelt!", brüllte mir Gregory Radlow ins Ohr und rüttelte mich, bis er lahme Arme bekam.

„Was ist denn los?"

„Meine Güte, Bodo, wach auf! Es ist Mittwochmorgen und fünf nach sechs. Mit deinem Blitzlichtgewitter machst du mir die Kühe ganz wild."

„Danke Gregory", sagte ich und entschuldigte mich ausführlich. Dann gab ich Minka ein Stück Tintenfisch und beeilte mich, dass ich pünktlich zur Arbeit kam.

Nach Feierabend holte ich mir erneut fachkundigen Rat.

„Es gibt da ein altes Sprichwort", sagte mir der Verkäufer: „Wer nicht hören kann, muss fühlen." Und er riet mir zu den so genannten *taktilen* Weckern, auch *Action-Wecker* genannt. Ich kaufte den *Shocking-Wecker* mit Stromschlag-Effekt, den Wecker *Fliegende Untertasse*, der zur Weckzeit durchs Zimmer saust, den Vibrationswecker Modell *Rüttelstampfer* sowie den hängenden Wecker der Firma Damokles.

„Es hat geklingelt!", brüllte mir Gregory Radlow ins Ohr und rüttelte mich, bis er lahme Arme bekam.
„Was ist denn los?"
„Meine Güte, Bodo, wach auf! Es ist Donnerstagmorgen und fünf nach sechs. In meinem Stall fliegt ein Ufo herum, und in deinem Haus wackeln die Wände."
Es war zum Wahnsinnigwerden! Ohne Gregorys Einsatz wurde ich einfach nicht wach. Ich stellte Minka ein Schälchen mit Rahm auf die Fliesen, versprach, mich noch intensiver beraten zu lassen und beeilte mich, dass ich pünktlich zur Arbeit kam.
„Haben Sie vielleicht noch was Stärkeres?", fragte ich nachmittags den Verkäufer im Weckershop.
„Ja freilich. Wie Sie bestimmt gemerkt haben, spricht so ein Wecker die menschlichen Sinne an. Wenn es nun übers Gehör, über den Gesichtssinn und den Tastsinn nicht funktioniert, dann bleibt uns ja noch der vierte und letzte Sinn, der Geruchssinn."
„Einen Versuch ist es allemal wert", sagte ich und packte die Modelle *Stinktier*, *Schwefliger Teufel*, *Durchgeschwitzte Socken* und *Da-hat-wohl-einer-Knoblauch-gegessen* in meinen Einkaufskorb. Nach einer kleinen Geruchsprobe hatte ich die berechtigte Hoffnung, am nächsten Morgen von allein wach zu werden.

„Es hat geklingelt!", brüllte mir Gregory Radlow ins Ohr und rüttelte mich, bis ich fast aus dem Bett flog.
„Was ist denn los?"

"Was los ist?! Es ist Freitagmorgen und fünf nach sechs. Meine Kühe haben sich allesamt übergeben, und mir ist auch schon ganz flau."

"Tut mir leid", sagte ich und erhob mich. Gregory war tatsächlich ganz grün im Gesicht. Nur der Radlowschen Katze schien das alles nichts auszumachen, ihr tropfte bereits der Zahn.

Ich versprach, nach einer wirklich funktionierenden Lösung zu suchen, gab Minka ein Stück Huhn in Gelee und beeilte mich, um nicht am letzten Tag der Woche doch noch zu spät zur Arbeit zu kommen.

Am Abend stellte ich alle Wecker AUS. Wochenende! Endlich durfte ich ausschlafen!

Jäh schreckte ich aus dem Schlaf, mit einem widerwärtigen Geschmack im Mund. Ich riss die Augen auf. Es war Samstagmorgen und fünf nach sechs. Auf meiner Brust stand – leise miauend – die Radlowsche Katze, krallte die Pfoten in meine Decke und sabberte mir – in Erwartung einer leckeren Mahlzeit – direkt ins Gesicht. Und ihr Speichel war nach der nächtlichen Jagd noch vermischt mit fauligem Fleisch und Rattenblut.

Ich sprang aus dem Bett, direkt unter die Dusche, spülte mir mindestens zwanzig Mal den Mund aus, und dabei wurde mir klar, dass der Verkäufer gelogen hatte: Es gab ja noch einen *fünften* Sinn! Aber vielleicht hatte der Verkäufer ihn auch vergessen, weil noch kein Wecker auf dem Markt war, der den Geschmackssinn ansprach.

Von diesem Tag an brauchte ich Gregorys Hilfe nicht mehr. Denn seitdem genügt mir ein einfacher Wecker, der leise miaut ... Und schon beim ersten Ton bin ich hellwach und flüchte unter die Dusche.

Wir sind trotzdem Freunde geblieben – mein Nachbar, seine Katze und ich. Manchmal bringe ich

Minka etwas zu fressen rüber. Aber nur in der Dose, und die lasse ich immer von Gregory öffnen.

Möwenfrühstück am Hafen

Pit Möller von der Stadtreinigung ist auch an diesem Morgen wieder zeitig wach und voller Tatendrang. Jetzt würde er gern mit seinem gewohnten Törn am Hafen beginnen. Aber nein, neue Verordnung: Arbeitsanfang halb sieben – anstatt wie früher um fünf. Pit Möller flucht vor sich hin: „Angeblich aus Rücksicht auf die Angestellten. Blödes Geschwätz! Die da oben wissen doch gar nichts! Um halb sieben, da ist doch schon alles zu spät! Da haben doch so schräge Vögel wie Lara und Emil schon längst ihr Unwesen getrieben ..."

Lara-Argenta liebt es, ihre weiten Kreise durch die salzige Luft zu ziehen; sie liebt auch den Landgang auf dem gepflasterten Platz am Fähranleger, über den so früh noch keine Touristen spazieren; ganz besonders aber schätzt sie den Duft aus den Imbiss-Lokalen, die die Menschen *Papierkörbe* nennen.

Und während Pit Möller noch darauf wartet, endlich den Dieselmotor seines Pritschenwagens anwerfen zu können, sitzt Lara bereits auf einem der Dalben hoch über dem Meer, peilt mit ihren gelben Augen solch einen Behälter an, breitet die blaugrauen Schwingen aus und stürzt sich mit schrillem *Kiuuu!* hinab.

Perfekte Landung genau auf dem Rand. Kurzer Blick links, kurzer Blick rechts, absichern nach achtern, ob keine feindliche Krähe, kein hungriges Kleinkind sich nähert. – Nein, alles klar. Keine Krähe, kein Kleinkind. Dann mal hinein in die Pracht!

Oh, dieser Duft! Wahnsinn: Pommes frites! Aber erst mal muss aufgeräumt werden: Serviette mit Mayo? Raus aus der Öffnung! Zigarettenschachtel? Raus! Zerknüllte Zeitung – raus. Fahrkarte raus. Taschentuch raus. Geschafft. Die Fritte ist frei. Rein damit in den Schnabel! Hoch zur Luke und Lage gepeilt: Kopf links, Kopf rechts. Abflug zum Dalben. Und – Fritte genießen.

Himmlisch, so ein Frühstück am Hafen ...

Auf geht es zum zweiten Gang. Flügel ausbreiten und Segelflug runter zum Platz. Landung direkt auf der Luke. Kurzer Blick links, kurzer Blick rechts, absichern nach achtern, ob keine feindliche Krähe, kein hungriges Kleinkind ... Nein, alles klar, keine Krähe, kein Kleinkind. Also hinein in die Köstlichkeit!

Lecker: Eine angebissene Fischfrikadelle! Aber davor liegt noch dieses matschige Ding, zu dem die Menschen „Banane" sagen. Hau-ruck! Hau-ruck! Und raus damit auf das Pflaster. Kaugummi raus. Bonbonpapier raus. Bierdose raus. Kippe raus. Fertig. Fischfrikadelle rein in den Schnabel. Hüpfer zum Rand und Lage gepeilt: Kopf links, Kopf rechts. Abflug zum Dalb...

„Hey, spinnst du?! Was soll das?! Emil, hau ab! Such dir 'ne eigene Kneipe! – Jetzt ist mir die Bulette runtergefallen! Emil, verzieh dich! – Na gut, teilen wir. *Teilen* hab ich gesagt! Emilius-Canus, so kommst du mir nicht davon! Mit deinen lächerlichen einsachtzehn Flügelspannweite hast du gar keine Chance! Ja, kreisch du nur ..." Gezielter Hieb mit dem Schnabel und – Bulette gerettet. Ein Stück jedenfalls. Ab damit auf den Dalben! Und – Fischfrikadelle genießen.

Wunderbar, wenn einem die Sonne das Gefieder wärmt ...

Wo steckt eigentlich Emil? Ah, der ist noch mit seiner Bulette beschäftigt. Gut so. Flügel ausbreiten zum dritten Gang, Steilflug und Landung punktgenau auf dem Eingang. Kurzer Blick links, kurzer Blick rechts, absichern nach achtern, ob auch kein feindliches Kleinkind, keine hungrige Krähe ... Nein, alles klar. Und rein mit dem Kopf ins Schlaraffenland.

Das riecht ja nach Krabben – ich glaube, da liegt mein Leibgericht, in den tiefsten Tiefen, noch unter dem Becher mit Cola. Und zerren, zerren, puh, ist der schwer! Und raus mit dem Ding. *Platsch!* – So 'ne mickrige Sturmmöwe wie Emil hätte das nicht geschafft! Aber es hat sich gelohnt: Ein mit Tomatensoße durchtränkter Karton leuchtet im frühen Strahl der Morgensonne. Jetzt den Schnabel wie eine Zange gebraucht und Lasche drehen und schieben, schieben. Irre: Das sind ja tatsächlich Scampi! Fünf Stück auf 'nem Holzspieß. Salatblätter? Raus! Gurke raus. Pappschachtel raus. Spieß in den Schnabel. Hüpfer zum Rand. Kopf links, Kopf rechts. Direktflug zum Dalben. Und – Scampi genießen.

Das ist so fantastisch! Wie Urlaub am Meer. Wenn einem dann noch die morgenfrische Brise um den Schnabel streicht ...

Frisch? Moment mal, irgendwie riecht's hier nach Diesel ...

Ach nee, Pit Möller von der Stadtreinigung ist auch schon da. „Moin, moin, Pit Möller! *Kiuuu!* Alles klar bei dir da unten am Fähranleger?"

„Nichts ist klar, Lara du Mistvieh! Um diese Zeit nicht mehr. Komm runter von deinem Dalben, dann erklär ich dir das!"

„Aye, aye, Sir, ich komme. Du bist der Käpten."

Schwingen ausbreiten. Abstoß vom Dalben. Einen weiten Kreis durch die Seeluft, und erst mal das Bäuchlein erleichtern. *Plitsch!* Das war gut! Jetzt geht das Fliegen noch mal so leicht.

„Na, Pit Möller, du guckst ja so grimmig. Ich setz mich mal hier auf dein Fahrerhaus. Feg ruhig weiter, mich stört das nicht."

„Lara, du bist wirklich gemein! Das warst du doch hier auf dem Platz. Du und der Emil. Gib's zu. Von euch ist die Ferkelei. Sag mal, wie siehst du eigentlich aus?! Guck bloß mal im Wasser dein Spiegelbild an: Schmutzige Flügelränder, Ketchupfleck auf dem Schnabel – ein richtiger Dreckspatz bist du. Machst mir außerdem einen Haufen unnützer Arbeit."

„Nun aber mal langsam, Pit Möller! Jetzt hör mir mal zu: Erstens kann *ich* nichts dafür, wenn *du* morgens verschläfst; zweitens sind die Federn meiner Flügelspitzen von Natur aus schwarz; drittens ist das kein Ketchup, sondern unsere Spezies hat im Sommer immer so einen Punkt auf dem Schnabel; viertens bin ich kein Spatz, sondern eine *Larus argentatus*, eine Silbermöwe; und fünftens könntest du ruhig mal dankbar sein. Schließlich sind *wir* es ja wohl gewesen, die dir heute Morgen einen Haufen Müll weggeputzt haben. – Und von wegen nicht sauber: Guck dir lieber mal deine Mütze an. Ist Möwenschiss drauf."

Pit Möller sagt nichts mehr. Es hätte sowieso keinen Zweck. Aber in genau diesem Ton würde er gern mal mit seinen Vorgesetzten reden. *Arbeitsbeginn um halb sieben ... aus Rücksicht auf die Angestellten ...* Blödes Geschwätz! Was wissen die da oben denn schon vom wirklichen Leben am Hafen?!

Sockenmemory – Gedanken einer Hausfrau

Ich liebe den Waschtag. Besonders, wenn Socken dabei sind. Socken sind meine Leidenschaft. Und das hat mit meiner frühkindlichen Prägung zu tun:

An warmen Sommertagen spielte ich oft auf dem Balkon. Was heißt *spielen* – auch eine fünfjährige Puppenmutter hat ihre Pflichten im Haushalt: Ich wusch Angelas und Katjas Wäsche, spülte sie, hängte sie auf. Und da wir einen Südbalkon hatten, war die Wäsche wenige Stunden später schon wieder trocken. Ich nahm sie von der Leine und legte alles ordentlich aufeinander: die Puppenkleider, die Petticoats, die Unterhosen, die Unterhemden und Socken.

Die Socken brachten am meisten Spaß. Weil es die paarweise gab. Angela gehörten die zwei mit den Herzchen, die zwei mit den Sternchen, die zwei mit der Spitzenkante; Katja trug weiße, rosa oder hellblaue.

Und hatte ich schließlich alle Socken zu Paaren zusammengefügt, dann stellte sich bei mir ein unbeschreibliches Glücksgefühl ein.

Dieses Gefühl wiederholte sich – und wiederholt sich noch immer –, wenn ich die Socken meiner Familie sortiere.

Anfangs trug Johann, mein Mann, weiße Socken mit farbigen Ringeln – die waren damals in Mode –, und Philipp, mein Sohn, hatte welche mit Mickymäusen, Autos und Teddybären darauf. Zuerst suchte ich die Motive zusammen, danach die passenden Ringelmuster: rot-blau, blau-rot, rot-blau-blau, blau-rot-blau, rot-blau-rot ...

Später wurden Johanns Socken dezenter – mit Karomuster, angeordnet in Rauten: blau-grau mit rot, schwarz-braun mit beige, hellblau-dunkelblau-rot, lila-dunkelrot-blau, weiß-grau-hellblau ..., und auf

Philipps Socken waren Sylvester und Tweety, Snoopy und Woodstock, die Heroeturtels, die Moorhühner, Spiderman, Batman und Super Mario drauf. Und so wurde das Sockensuchen stets zu einem besonderen Höhepunkt.

Inzwischen ist Philipp erwachsen. Er wohnt nicht mehr bei Johann und mir. Aber das macht nichts, denn ich darf die Familienwäsche noch immer waschen – und damit auch die Socken, die meine Männer heute im Zehnerpack kaufen: Uni und in den modischen Farben Schwarz, Anthrazit, Dunkelgrau. Wobei sich die farblichen Unterschiede bisweilen verwaschen, und auch die Größen gleichen sich an. Zwar hat Johann dreiundvierzig bis sechsundvierzig und Philipp sechsundvierzig bis irgendwas, doch manche Socken laufen mit der Zeit ein, andere dagegen dehnen sich leicht.

Und so kommt es, dass das, was heute auf meiner Leine hängt – oberflächlich betrachtet –, alles ziemlich ähnlich aussieht. Ich könnte also, wäre ich nicht so gewissenhaft, die Paare willkürlich zusammenstellen: Augen zu – immer zwei von der Leine – zum Knäuel rollen – und ab in die Kiste. Fällt später sowieso keinem auf, weil die untere Hälfte im Schuh steckt und die obere unter der Hose.

Aber: Das brächte ich nie übers Herz! Vielmehr suche ich mir einen sonnigen Ort zur Mittagszeit, wo auch die feinsten Unterschiede ans Tageslicht kommen. Es gibt nämlich grau, dunkelgrau, noch dunkelgrauer, ziemlich dunkelgrau, sehr dunkelgrau, fast schwarz, schwarz und sehr schwarz. Und innerhalb eines Stapels von – sagen wir mal – sehr dunkelgrauen Socken muss ich dann nur noch nach einem zweiten Unterscheidungs-Kriterium suchen, was meistens das Bündchen ist: strammes Rippenbündchen, enges Rippenbündchen, etwas lockereres Rippenbündchen, lockeres Rippenbündchen, ausgeleiertes Rippenbündchen, sehr ausgeleiertes Rippenbündchen.

Und wenn dann schließlich, bei Sonnenuntergang, jede Socke ihren richtigen Partner bekommen hat, dann stellt sich bei mir – auch heute noch – wieder dieses unbeschreibliche Glücksgefühl ein.

Worte eines Knödelkellners

Dreimal Semmelknödel für die Damen, bitteschön! Hier kamen dann zweimal Kartoffelknödel. Und der sechste Teller mit den Vollkornknödeln für den Herrn an der Säule. Wünsche guten Appetit!
 Und was darf ich Ihnen bringen, junge Frau? Jawohl. Einmal Leberknödel. Gerne. Und die Freundin?
 Kalbsknödel. Geht in Ordnung.
 Wie bitte? Kalbsragout? Tut mir leid, Ragout haben wir nicht; Kalbs*knödel* können Sie kriegen. Wir haben nur Knödel. Wir sind ein *Knödel*restaurant.
 Kalbsknödel also. Sehr wohl. Und für den Nachwuchs?
 Gemischte Knödel. Kinderteller. Geht in Ordnung.
 Ja freilich kann die Kleine auch einen Grießkloß kriegen mit Kirschkompott. Kommt sofort. Ich eile.
 Moment, junger Freund, bin gleich zurück, mehr als sechs Bestellungen kann ich nicht.

Charly! Einmal Leber, einmal Kalb, drei Kinder gemischt mit Püree, einmal Grieß Kirsche.
 So, die drei Kinder auf den linken Arm; rechts Leber, Grieß Kirsche. Charly! Einmal Kalb fehlt noch!
 Danke! Auf geht's. Mit Schwung durch die Schwingtür.
 Verflixt! Wer hat denn hier wieder mit Kraut gekleckert? Kann sich ja einer die Knochen brechen. – Von den Gästen mein ich natürlich. *Unsereins* rutscht doch nicht aus. Haben schließlich den breitbeinigen Gleitschritt drauf. Sind ja nicht umsonst jahrelang als Steward zwischen Casablanca, Kap Hoorn und Kapstadt gekreuzt. Ja, da ha'm sich die Frauen nach unsereinem noch umgeguckt. Aber seitdem ich hier Kellner bin, hab ich Knödelbeine gekriegt und einen Bauch wie'n Klops ...

So, bitteschön die Herrschaften. Gemischte Knödel und Grieß für die Kinder, einmal Leberknödel, einmal Kalbsknödel. Wünsche guten Appetit!
Jawohl, nun komm ich zu Ihnen.
Einmal Hackklöße, sehr wohl.
Zweimal Markklöße, geht in Ordnung.
Einmal Kabeljauknödel, einmal Leberknödel und – wie bitte?
Ach, Kutteln möchten Sie.
Ja freilich, Gnädigste. Kutteln haben wir auch. Mit Kapern, wenn's recht ist. Ich eile!

Puh, schlechte Luft hier. Kollege, machst mal ein Fenster auf?
So, Charly. Ein Hack, zwei Mark, ein Kabeljau, ein Leber und einmal Kuttelknödel mit Kapern.
Was ist denn da eben weggehuscht?! Da hinten beim Abfallcontainer. Charly, ihr habt doch nicht etwa wieder ...? Also, wenn ich hier der Chef wär, ich hätt die schon längst durch den Fleischwolf ... Aber unsereiner ist ja nur Kellner.
Okay, Charly, Teller Nummer sechs. Danke dir. Und auf geht's. Gleitschritt, Gleitschritt, Ausfallschritt um den Hund rum, Wiegeschritt, damit die füllige Dame vorbeikann.
Jawohl, meine Liebe, die Treppe runter und zweite Tür links.
Da wären wir wieder, Herrschaften. Für Sie beide die Hackklopse, für Sie die Semmelknödel.
Was hast du gesagt, Bub? Klöße machen fett? Ja, da sagst du was Wahres. Aber Pommes mit Mayo vom Hähnchengrill sind auch nicht ganz ohne.
Pardon, der Herr, die Teller standen schon richtig. Wenn Sie die Freundlichkeit hätten und das Glas mal hochhalten würden, dann tausch ich die wieder zurück.
Keine Ursache! Mit Petersilie ist immer Kabeljau, mit Basilikum Leber, und die Kuttelknödel erkennen Sie an den Kapern.

So, Charly. Den größten Ansturm hätten wir wohl. Ich mach Mittag. Ist ja auch schon kurz nach halb drei. Soll ich dir was mitbringen?

Okay, geht klar.

Ah, ist das nicht himmlisch? Die gute Luft hier an der Pommesbude ...

Grüß dich Maria.

Ja, wie immer. Zwei halbe Hähnchen mit Pommes und Mayo.

Hihihi, da sieht unsereiner doch wenigstens, woraus das Essen gemacht ist.

Livekonzert der Taffen Affen

„Ich glaub, mich laust der Affe!", schrie Schwein-Linde. Sie blickte durchs Eisengitter und wackelte nervös mit dem Ringelschwanz. „Leer der Stall! Da laden uns die Affen extra zu ihrem blöden Konzert in den Tierpark ein, und dann lassen sie uns in dieser Affenhitze hier warten. Ausgeflogen, allesamt."

„Affen fliegen nicht", sagte Rosa-Lilli, ihre halbwüchsige Tochter. „Außerdem ist das kein blödes Konzert, sondern ein oberaffengeiler Live-Auftritt der Taffen Affen."

„Wie auch immer", sagte Schwein-Linde und haute ihrem Jüngsten, Hein-Schwein, auf die Pfote, weil er mit offenem Mund auf den Wärter starrte, der im Affengehege den Futterplatz fegte. „Benimm dich anständig, Hein-Schwein, und halte hier keine Maulaffen feil!"

Erneut wandte sie sich ihrer Tochter zu: „Aber trotzdem, Rosa-Lilli, da rennen wir extra im Affenzahn zum Zoo, weil wir uns für die Verständigung unter den Tieren einsetzen wollen, und dann" - krachend schlug sie die Vorderpfoten zusammen - „sind die Affen nicht da."

„Sind die Affen nicht da", echote Hein-Schwein und klatschte in die Pfötchen.

Schwein-Linde gab ihm den nächsten Klaps. „Äff mich nicht immer nach!", schimpfte sie. „Oder bist du vom wilden Affen gebissen?" Dann winkte sie den Wärter zu sich heran.

„Sagen Sie, junger Mann, wo sind denn die Affen hin? Die haben uns nämlich zum Konzert eingeladen."

„Die Affen?!", fragte der Wärter. „Ja, wissen Sie das denn nicht? Die haben doch heute ihren Live-Auftritt auf der Festwiese im Stadtpark. In einer halben Stunde ist Einlass, das sollten Sie sich nicht entgehen lassen. Die Taffen Affen sind ganz große Klasse. Nur Manieren haben sie keine. Unglaublich, wie die hier wieder rumgesaut haben!"

„Yippie!", schrie Rosa-Lilli. „Dann wollen wir unserm Affen mal Zucker geben." Sie fasste ihr Brüderchen bei der Hand und eilte mit ihm dem Ausgang zu. „Freu dich, Hein-Schwein; da geht affenmäßig die Post ab!"

Schwein-Linde jedoch stand wie versteinert vorm Affenkäfig. Was hatte der Wärter da eben gesagt? *Rumgesaut?*

„Junger Mann", grunzte sie durch die Stäbe. „Was soll das heißen? Rumgesaut. Wir Säue lieben zwar unsere tägliche Suhle, aber unseren Trog fressen wir jeden Tag blitzblank sauber. Wir brauchen keinen Wärter, der anschließend putzt."

Ein paar Mal schüttelte sie noch den Kopf, dann rannte sie ihren Ferkeln Rosa-Lilli und Hein-Schwein hinterher durch die Straßen zur Stadtparkwiese.

Erst am Eingang traf sie sie wieder, und das auch nur, weil Rosa-Lillis Geld für die Eintrittskarten nicht reichte.

„Nun ja", sagte die Kuh an der Kasse, „Die Taffen Affen sind allererste Sahne, die können es sich leisten, Schweinepreise zu nehmen."

„Schweinepreise?!" wiederholte Schwein-Linde und sog hörbar die Luft durch den Rüssel, aber Rosa-Lilli streichelte ihrer Mutter beruhigend die Schulter.

„Bitte, Mama! Hein-Schwein und ich möchten da so gern rein!"

Seufzend kaufte Schwein-Linde drei Eintrittskarten, dann bahnte sie sich mit ihren Kindern einen Weg durch die Menge.

Die Besuchertiere standen schon dicht gedrängt. Sie lachten und riefen und winkten; einige schwenkten Fähnchen, auf denen für die Verständigung unter den Tieren geworben wurde; und neben Schwein-Linde bettelten drei Wisentkinder um Katzenzungen. Doch die Mutter wies sie mit den Worten zurecht: „So einen Schweinkram fressen wir nicht."

Gerade wollte Schwein-Linde ihr einen Tritt versetzen, da legte dröhnend die Affenband los und heizte mit ihrem Hit „Alle Männchen sind Schweine" die Stimmung an.

Rosa-Lilli kreischte vor Begeisterung und schleuderte Arme und Beine hoch. Schwein-Linde jedoch rümpfte den Rüssel – wenngleich sie zugeben musste, dass ihr der Rhythmus ins Blut ging. Es folgte eine Volksweise, die besonders das reifere Publikum ansprach: „Schwarzbraun ist mein Affenfell, schwarzbraun bist auch du, bist auch du ...", und schließlich erklang – zur Freude der Kleinen – das allen Tierkindern bekannte Zeltlagerlied „Die Affen rasen durch den Wald".

Rosa-Lilli und Hein-Schwein fassten sich an den Pfoten, sangen so laut, wie sie konnten: „Wo ist die Kokosnuss, wo ist die Kokosnuss, wer hat die Kokosnuss gekla-ha-haut ..." und schlackerten dabei mit den Ohren. „An dem Lied hast du wohl einen Affen gefressen", rief Rosa-Lilli und wirbelte ihren Bruder im Kreis herum.

Diesmal gab Schwein-Linde *ihr* einen Klaps. „Stifte Hein-Schwein nicht zu solch einem Affentheater an!"

Doch bald darauf wurde auch sie von der fröhlichen Stimmung mitgerissen und klatschte im Takt und wackelte – kaum merklich – mit ihren Hinterbacken.

Auf einmal wurde es still auf der Wiese im Stadtpark. Der Bandleader hielt eine Rede, in der er betonte, das Eröffnungslied „Alle Männchen sind Schweine" sei nicht gegen eine bestimmte Tierart gerichtet gewesen, sondern habe dem Publikum lediglich die Ohren öffnen sollen für das diesjährige Motto: „Respekt für alle Arten".

Es folgte ein besinnliches Stück, das zu mehr Toleranz und Tierischkeit mahnte und dazu aufrief, andere

Tierfamilien nicht auszugrenzen, auch nicht in der alltäglichen Sprache.

Dann plötzlich schlugen die Affen aufs Schlagzeug und begannen, in eingängigem Rhythmus ihr neuestes Lied zu grölen, und Rosa-Lilli und Hein-Schwein sangen begeistert mit:

„Nie wieder sprech ich vom Mäusemelken,
nie wieder sage ich Sauerei,
nie wieder blinder Maulwurf,
nie wieder taubes Hühnerei."

„Taube Nuss muss das doch heißen, nicht Hühnerei", murmelte Schwein-Linde, aber dennoch fühlte sie sich auf einmal, als hätten die Affen ihr aus der Seele gesungen. Sie begann, leise mitzupfeifen und fühlte sich inmitten der fremden Tiere wie in einer großen Familie.

Die Sonne stand bereits tief am Himmel, als die letzte Zugabe der Taffen Affen verhallte. Schwein-Linde und Rosa-Lilli nahmen Hein-Schwein in die Mitte, und sie liefen über Straßen und Wege dem Stadtrand entgegen. Dabei wiederholten sie lautstark die Verse, die ihnen besonders gut gefallen hatten: vom störrischen Adler und majestätischen Esel, vom schlauen Kojoten und feigen Fuchs, von schmutzigen Wieseln und flinken Finken, von falschen Enten und lahmen Schlangen und wie der Storch in der Pfanne verrückt wird, weil der Hund durch seinen Salat stolziert.

„Das war saukomisch, stimmt's, Hein-Schwein?", fragte Rosa-Lilli und sah ihren Bruder an. „Ferkelwitzig", pflichtete der seiner Schwester bei und stimmte ein Lied an, das er sich soeben selbst ausgedacht hatte: „Ich habe schon Pferde husten hören und Flöhe vor der Apotheke k...".

„Keine schlimmen Wörter", unterbrach ihn Schwein-Linde, doch gab sie ihrem Sohn dieses Mal keinen Klaps. Denn erstens war sie friedlich gestimmt, zweitens hatten sie ihren heimatlichen Stall erreicht, und drittens war Schwein-Lindes Blick gerade auf die Einladungskarte der Taffen Affen gefallen, die im Stroh neben dem Futtertrog lag und auf der mit glitzernden Buchstaben „Festwiese" und „Stadtpark" stand.

„Wie konnte ich nur so vergesslich sein", murmelte sie. „Da scheuche ich meine armen Ferkel grundlos zum Zoo und zurück. Und dann noch bei dieser Hitze ... Eine Affenschande ist das!"

Der Frosch im Herbststurm

Der Apfel fiel nicht weit vom Frosch, und der Frosch war sauer.

„Du hättest mich erschlagen können", sagte er.

„Ja, hätte ich", antwortete der Apfel. „Aber ich habe es nicht. Und mal ehrlich, wie hätte ich meinen Flug denn steuern sollen, dick und schwer und ohne Flügel, wie ich nun einmal bin? Du hingegen hättest weghüpfen können."

„Ach ja, und wie sollte ich ahnen", entgegnete der Frosch, „dass du an einem beliebigen Montag Ende Oktober um fünfzehn Uhr elf vom Zweig fallen würdest? Du hast dir dabei auch weder Zeit gelassen, noch hast du deinen Sturz vorher angekündigt - durch Knirschen und Knacken zum Beispiel."

„Du hättest es dir aber denken können", sagte der Apfel. „Der Oktober liegt nun mal in der Jahreszeit, in welcher wir Äpfel reifen und entweder gepflückt oder zu Fallobst werden."

Hierauf erwiderte der Frosch nichts, denn er hörte ein Knirschen und Knacken und sprang mit einem mächtigen Satz davon.

Was ihm das Leben rettete, denn krachend fiel der Apfelbaum um.

Noch zwei Stunden lang tobte der Sturmwind Christian über die Streuobstwiese. Dann wurde es still.

Der Frosch brauchte eine Weile, bis er zwischen den Zweigen des umgestürzten Baumes den Apfel gefunden hatte, der – wie durch ein Wunder – nicht zermatscht worden war.

„Siehst du", sagte der Frosch. „Der Baum hat es richtig gemacht. Der hat seinen Sturz vorher angekündigt."

Der Apfel sah den Frosch nur an und schwieg.

Und eigentlich passiert es gar nicht so selten, dass sich Frösche und Äpfel nicht viel zu sagen haben.

Staubsaugerroboter

Brigitta betrat das Elektrogerätegeschäft ihres Bruders und ging gleich zum hinteren Tresen durch.

„Guten Morgen Hinnerk."

„Grüß dich Gitta. Was führt dich zu mir?"

„Ich suche ein Geschenk für Margret, die hat in vier Tagen Geburtstag."

„Findest du hier bestimmt. Hast du einen Moment Zeit?"

„Den ganzen Tag."

Hinnerk reichte ihr einen Becher, schenkte Kaffee ein und zeigte auf den dunkelblauen Gehwagen neben sich. „Mach's dir gemütlich! – Gepolstertes Isokissen, breite Armlehnen mit Getränkehalter, höhenverstellbar, Hilfsmotor für schweres Gelände, leicht und stabil zugleich. Der Rolls Royce unter den Rollatoren. Das ultimative Rentnermodell."

„Ach Hinnerk." Brigitta setzte sich und trank einen Schluck. „*Rentner* ... Ich kann das Wort nicht mehr hören. Das ist doch völlig verrückt: Vor drei Wochen war ich noch im Büro. Morgens früh hoch, E-Mails, Telefonate, Kundengespräche; Treppe rauf, Treppe runter; Dauerlauf zum Bus, zu Hause kurz aufräumen und saubermachen. Alles überhaupt kein Problem. Und jetzt – schaffe ich es nicht mal mehr, den Staubsauger aus der Kammer zu holen."

Sie lehnte sich zurück und nickte anerkennend. „Dieser Rollator ist wirklich bequem. Und praktisch. Damit könnte ich den ganzen Tag in der Stadt herumlaufen und bleiben, wo's mir gefällt. Wie früher mit Tommi. Einer älteren Frau, die sich auf ihrem Rollator ausruhen muss, kann das ja keiner verbieten."

„Sag ich doch. Für Rentner gibt's übrigens zwanzig Prozent Rabatt. Du kannst dir den Wagen auch zu Hause ans Fenster stellen, Kaffee trinken und stricken. – Hattest du mir nicht einen Schal versprochen, wenn du in Rente bist?"

„Ja, und ich habe die Wolle auch schon gekauft; aber ich mag nicht zu Hause sein. Zu still, nichts bewegt sich, und sauber und aufgeräumt ist es auch nicht. Ich denke immer: Warum soll ich *morgens* putzen, wenn ich auch *abends* noch Zeit dafür habe; warum *heute*, wenn es auch *morgen* noch geht ..."

„Ganz meine Meinung."

„Hinnerk, du verstehst mich nicht. Ich fühle mich zu Hause einfach nicht wohl. Und so, wie es bei mir inzwischen aussieht, kann ich auch niemanden mehr in die Wohnung lassen. Nicht mal Margret. Ja, die Gute wird sechsundsechzig; ist schon ein paar Monate länger in Rente als ich. Scheint aber nie zu Hause zu sein. Am Telefon erreiche ich sie jedenfalls nicht und da dachte ich mir, ich kaufe ihr ein schönes Geschenk und schaue an ihrem Geburtstag einfach mal rein."

„Hattest du etwas Konkretes ins Auge gefasst?"

„Nein. Hauptsache, sie *hat* es noch nicht, *und* es liegt später nicht rum. Irgendwas, was sie wirklich *benötigt*. Ich dachte, du hättest vielleicht eine Idee."

„Mehrere", sagte Hinnerk. „Elektrische Zahnbürste, Heizdecke, Milchaufschäumer, Bohrhammer, Eierkocher, Lockenstab, Winkelschleifer, Schweißgerät, Heißluftfritteuse, Raumentfeuchter, Laserthermometer, Dörrgerät ..."

„Danke, das reicht. – Ich überleg es mir noch." Brigitta trank aus. „Hinnerk, der Kaffee war ausgezeichnet."

„Selbstverständlich. Frisch gebrüht mit dieser formschönen Kaffeemaschine. Innovativ und umweltschonend. Erhältlich in den Farben Blau, Türkis und Grasgrün. – Sag mal, ist Grasgrün nicht überhaupt Margrets Lieblingsfarbe?"

„Ja, sie hat Björn sogar immer grasgrüne Pullis und Mützen gestrickt. Aber eine Kaffeemaschine hat sie schon."

„Ich gebe dir Rentnerrabatt."

„Lass gut sein, Brüderchen. – Aber den Rollator, den nehme ich gleich mit."

„Was?! Ich hab doch nur Spaß gemacht. Gitta, du brauchst keinen Rollator."

„Doch. Den hätte ich wirklich gern."

Hinnerk zuckte die Schultern.

„Die richtige Höhe müsste er haben. Hast du gesehen, wie du beim Parken die Räder feststellst?"

„Ja. Das gleiche Prinzip wie bei der Kinderkarre von Tommi damals."

Brigitta zahlte, wandte sich zum Gehen und stutzte: Ein silberfarbenes Fahrzeug – ähnlich wie Tommis Bobby-Car damals, nur ohne Lenkrad und Sitz – kroch leise brummend hinter einem Regal hervor, wendete und war im nächsten Moment wieder verschwunden.

„Was war denn das, Hinnerk?"

„Ein Rasenmäher. Ein Rasenmäh*roboter*."

„Ein Roboter? So einer, der alles alleine macht?"

Hinnerk nickte.

„Aha. Gibt es so etwas eigentlich auch für drinnen, für den Hausputz?"

„Natürlich. Es gibt alles: Trockenwisch- und Nasswischroboter, Staubsaugerroboter mit Bürsten und ohne Bürsten für Teppiche und für glatte Böden, Kombigeräte, die saugen, wischen, polieren – an was dachtest du denn?"

„An nichts Bestimmtes. Ich frage einfach nur so, interessehalber. Aber solche Roboter zum Beispiel, die Staub saugen können, habt ihr die zufällig hier?"

„Ja sicher. Ich kann sie dir zeigen."

„Warum eigentlich nicht."

Hinnerk stellte zwei Geräte auf den Ladentisch, die wie fliegende Untertassen aussahen. Eins rot, eins schwarz, groß wie Kuchenteller und etwas höher als Fladenbrote.

„Zwischen diesen beiden", erklärte er, „gibt es noch zahlreiche andere Saugroboter in unterschiedlichen Abstufungen, was Preis und Leistung betrifft. Der kleine schwarze hier links ist schlicht und günstig; der rechte dagegen ...", er nahm das rote Gerät in die Hände, damit Brigitta es von allen Seiten betrachten konnte, „... ist unser Luxusmodell. Kostet zwar schon richtig viel Geld, arbeitet dafür aber vollautomatisch und systematisch, verfügt über einen Raumscanner, so dass er erkennt, wo er schon war, ist stark und robust, kommt mit Fliesen, Teppichen und Holzfußböden zurecht und steuert, kurz bevor der Akku leer ist, selbstständig seine Ladestation an, wo er auch das Staubfach entleeren kann. Er ist mit einem Sensor ausgestattet, der stark verschmutzte Stellen von sich aus erkennt und daraufhin den Intensivmodus startet. Per Fernbedienung kann der Turbomodus zugeschaltet werden – bei diesem Modell geht das vielleicht sogar automatisch, soll ich das eben nachschlagen?"

„Nein, ist nicht so wichtig."

„Jedenfalls erhöht sich dadurch die Rotationsgeschwindigkeit der Hauptbürste, unabhängig davon, in welcher Navigationsform sich der Staubsaugerroboter gerade befindet – ob im Zickzack-, Kanten- oder Spiralmodus. Die Absturzsensoren gewährleisten, dass er vor Stufen rechtzeitig anhält und seine Richtung wechselt. – Na ja", räumte Hinnerk ein, „absturzsicher sind die anderen Produkte natürlich auch. Aber *dieses* Hightech-Gerät kannst du *auf jeden Fall* und *guten Gewissens* unbeaufsichtigt arbeiten lassen."

„Faszinierend!", sagte Brigitta. „Und das kleinere, das schwarze Ufo-Modell?"

„Ist halt recht einfach, ich führe es dir aber gern einmal vor."

Hinnerk schaltete den Roboter ein, der sich sofort in Bewegung setzte und leise surrend über die Platte glitt. An der Kante kehrte er um und fuhr im spitzen Winkel zurück, wobei er Brigitta – so schien es ihr – mit seinem blauen und roten Lämpchen zuzwinkerte. Vorn hatte er einen breiten roten gefederten Mund, mit dem er sich sachte abstieß, sobald er auf ein Hindernis traf.

Brigitta legte ihm zwei winzige Schnipsel Papier hin, die er sich mit seinen kreisenden Kehrbürsten sofort unter den Bauch zur Saugöffnung schob.

„Was für ein liebes, fleißiges Kerlchen!", sagte sie. „Und wie niedlich er schnurrt. Ich glaube, er fühlt sich wohl. – Und wofür hat er die Lampe da zwischen den Augen?"

„Die leuchtet gelb, wenn das Staubfach voll ist."

„Praktisch", sagte Brigitta. „Ich nehme den Kleinen gleich mit. So teuer ist er ja nicht."

„Du solltest dir das gut überlegen", mahnte Hinnerk. „Für den Preis kann natürlich nicht alles perfekt sein. Ich erzähle dir das lieber gleich, damit du nachher nicht enttäuscht bist: Die Saugöffnung ist schmal und verstopft leicht, das Staubfach muss oft ausgeleert werden; das Gerät bewegt sich nicht systematisch, sondern nach der so genannten *Amöbenstrategie*, auch *Zufalls-* oder *Chaos-Prinzip* genannt. Selbstverständlich putzt auch dieser Roboter die Räume sauber, aber es ist halt eine Frage der Zeit. Die Motorleistung hält sich in Grenzen, die Laufzeit des Akkus auch. Eine Stunde lang saugt er, dann muss er vier Stunden ans Ladegerät. Über eine Ladestation, die er anfahren kann, verfügt er nicht, du musst ihn folglich zur Steckdose *tragen* ..."

„Aber er ist doch nicht schwer!"

„Das stimmt; nur gibt es in diesem Zusammenhang noch ein zweites Problem: Du kannst ihn nicht unbeaufsichtigt lassen. Denn wenn sein Akku leer wird, piepst er nur kurz und bleibt stehen, wo er gerade ist. Dann suchst du ihn in der ganzen Wohnung und findest ihn womöglich ganz hinten unter der Couch ..."

„Wie Tommi ... Weißt du noch, wie gern der sich früher versteckt hat, wenn du zu uns zu Besuch kamst? Und wie er sich dann gefreut hat, wenn du ihn endlich gefunden hattest?"

„Na ja ..." Hinnerk zuckte die Schultern. „Versuch's halt. Ich kann dir den roten ja auch mal leihweise geben. Du wirst dich wundern, wie groß der Unterschied ist."

„Nein danke", sagte Brigitta. „Ich glaube, so ein Luxusgerät wäre mir peinlich. Ich will ja nicht *gar nichts mehr tun*, sondern nur ein kleines bisschen Hilfe im Haushalt haben. Und ein wenig Leben um mich herum."

„Dann lade dir lieber Margret ein."

Hinnerk packte den schwarzen Staubsaugerroboter wieder in den Karton, legte ihn Brigitta auf den Rollator und ging zur Kasse.

„Die Kaffeemaschine möchtest du wirklich nicht?", fragte er.

„Nein, aber mir fällt bestimmt noch etwas Passendes ein, in Grasgrün. Weißt du, manchmal habe ich das Gefühl, Margret wohnt überhaupt nicht mehr hier. Sonst müsste ich sie doch irgendwann mal erreichen."

„Aber sicher wohnt die noch hier! Ich sehe sie doch andauernd irgendwo in der Stadt. Und immer ist sie in Eile. Engagiert sich für einen Seniorenclub, hat sie gesagt. – So. Die Quittung bitte gut aufbewahren, wegen der Garantie. Dann wünsche ich dir viel Freude mit deinen neuen Geräten. Und schönen Feierabend, Gitta."

„Dir auch, Hinnerk. – Heute Abend fange ich mit dem Schal an. Versprochen."

Brigitta schob den Gehwagen nach draußen. Ein wunderbares Gefühl, ihn mit geradem Rücken schieben zu können – der Griff von Tommis Karre war immer ein wenig zu niedrig gewesen. Und da es leicht bergauf ging, schaltete sie den Hilfsmotor zu.

„Gleich sind wir zuhause", sagte sie und beugte sich zum Gepäckkorb. „Dann darfst du wieder aus deinem Karton."

Brigitta nannte ihn Stanley und drückte den Schalter.

„So. Nun kannst du spielen!"

Der Roboter lief kreuz und quer durchs Wohnzimmer, stieß sich sachte von Wänden und Möbeln ab, sammelte und saugte den Schmutz ein. Zufrieden brummend krabbelte er am Teppich entlang, verwuschelte die Fransen und versuchte ein paarmal, über die Kante auf den Teppich hinaufzuklettern. Es gelang ihm nicht; aber es schien ihn auch nicht zu stören. Er drehte um, fuhr zur Essecke hinüber und putzte im Kreiselmodus die Stuhlbeine ab.

„Hauptsache, du bist zufrieden", sagte Brigitta.

Sie holte den „richtigen" Staubsauger aus der Abstellkammer und saugte den Teppich. So viel Arbeit war das doch gar nicht! Genau genommen machte es sogar Spaß – solange sie nicht allein putzen musste.

Stanley lief neugierig mal in die eine Ecke, mal in die andere, fegte hinter dem Fernsehgerät an den Kabeln herum, schnupperte am Oleandertopf, und dann leuchtete die gelbe Lampe. Sein Staubfach war voll. Brigitta machte den Schalter aus.

„Ich will dich nur eben schnell saubermachen."

Ohne zu murren ließ sich der Kleine auf die ausgebreitete Zeitung legen. Brigitta nahm seine schwarze Abdeckung ab, öffnete das Staubfach, leerte es aus, wischte Filter und Deckel sauber und baute alles wieder zusammen. Danach drehte sie den Roboter auf den Rücken und zupfte ihm die Fühler frei.

„Hast du fein gemacht", sagte sie, warf die Zeitung mit dem Schmutz in den Müll und stellte den Schalter wieder auf eins. – Tommi war nie so geduldig gewesen. Der hatte geschimpft und gezappelt und wäre ihr einmal fast vom Wickeltisch gefallen ...

Stanley krabbelte unter den Esstisch, zwinkerte Brigitta zu und schob sich die Brötchenkrümel unter den Körper, um sie danach in einer langen Spur hinter sich anzuordnen. Brigitta ließ ihn gewähren, er war ja noch klein. Sie ging in die Küche, schrubbte und spülte und räumte und dachte an das, was ihre Mutter manchmal zu Tommi gesagt hatte, wenn er ihr helfen sollte:

Was für einen ist zu viel, ist für zwei ein Kinderspiel.

Tommi hatte *gern* geholfen, und sie hatten ihn oft gelobt. Er war ein liebes Kind. Wie Stanley.

„Stanley?!"

Sie hörte ihn irgendwo klopfen; Flaschen klimperten ...

„Ach *da* bist du, in der Abstellkammer!"

Er war durch die halb offene Tür hineingefahren, hatte sie zugeschoben und saugte nun zwischen dem Altglas herum.

„Warte, ich rette dich. Allein kommst du da nicht wieder raus."

Brigitta brachte Stanley in den Flur, hob zwei Flaschen auf, die er umgestoßen hatte, und zog die Tür zu.

„Wenigstens kommst du nicht an den Schlüssel", sagte sie. „Als Tommi klein war, hat er sich mal in der Toilette eingesperrt, zusammen mit Björn – weißt du, dem Sohn von Margret. Tommi und Björn waren unzertrennlich und haben zusammen immer viel Unfug gemacht. *Die* konnte ich auch nicht unbeaufsichtigt lassen ... Stanley? Wo bist du schon wieder?! Ich erzähle dir etwas, und du läufst einfach weg ..."

Jemand fuhr ihr sanft in die Hacken und wechselte in den Kantenmodus.

„Da bist du ja!"

Nach einer Stunde und insgesamt siebenmal Staubfachentleeren war Stanley müde. Er piepste und blieb mitten im Wohnzimmer stehen. Brigitta schaltete ihn aus, machte ihn zum achten Mal sauber, räumte ihm einen Platz auf dem Sofa frei und verband ihn mit Ladekabel und 230 Volt. Dann legte sie ihn auf Tommis alte Kinderdecke und setzte sich mit dem Strickzeug daneben.

Die Wolle war wunderbar weich und leuchtend blau – wie das Ladelämpchen von Stanleys Akku, das in schnellem Rhythmus blinkte. – Tommi hatte früher auch immer so gierig getrunken. Am liebsten den Milchbrei aus biologischem Anbau ...

Brigitta stand noch mal auf und hängte einen Notizzettel an die Pinnwand: „Stromanbieter wechseln."

Nach drei Tagen sah die Wohnung sauber, aufgeräumt und gemütlich aus; der Schal für Hinnerk war fertig; Brigitta und Stanley hatten ihren Rhythmus gefunden: eine Stunde Arbeit, vier Stunden stricken und Energie tanken. Und das Ganze dreimal am Tag. Morgens, mittags und abends.

„Der ideale Stundenplan für Rentnerinnen und Rentner", sagte Brigitta, „und für Staubsaugerroboter natürlich auch."

Sie sah ihren Schützling an. „Ich glaube, in der Wohnung hast du jetzt jeden Quadratzentimeter gesehen. Soll ich dir noch das Treppenhaus zeigen?"

Stanley blinkte blau-rot-blau-rot, und Brigitta trug ihn hinaus. An der Fußmatte fegte er kurz die Kanten ab, dann kreiselte er um den Rollator herum, schnupperte an seinem Gepäckkorb und kitzelte ihn – fast fürsorglich – an den Rädern. Nun, die beiden kannten sich ja auch gut, aus Hinnerks Elektrogerätegeschäft.

Als Stanley sich plötzlich in Richtung Kellertreppe bewegte, lief Brigitta rasch ein paar Stufen hinunter, um ihn notfalls auffangen zu können. Aber der Kleine war klug. Er hielt rechtzeitig an, schaute kurz in den Abgrund hinunter und wendete dann.

„Hast du gut gemacht", sagte sie und nahm ihn hoch. „Zur Belohnung wird Kuchen gebacken. Morgen hat Margret Geburtstag. Komm mit in die Küche."

Brigitta rührte den Teig, streute absichtlich ein wenig Mehl über die Kante vom Küchentisch, und Stanley malte weiße Linien auf die rotbraunen Fliesen.

„Dann drück mir mal die Daumen", sagte sie, „dass Margret morgen zu Hause ist. – Wo bist du eigentlich? – Stanley, was ist los?!"

Ein kleiner schwarzer Staubsaugerroboter stand stumm an der Küchentür. Kein Lämpchen glimmte, kein Fühler drehte sich. Stanley saugte nicht mehr. Und auf dem Sofa, am Ladegerät, mochte er nicht einmal trinken.

Brigitta wickelte ihn in Tommis blaue Wolldecke ein, legte ihn in den Rollatorkorb und schob ihn zu Hinnerks Elektrogerätegeschäft und dann gleich zum hinteren Tresen durch.

„Hoffentlich kriegst du ihn wieder hin!"

Hinnerk sah sich den Roboter an.

„Das Gerät scheint in Ordnung zu sein", meinte er. „Wahrscheinlich ist es der Akku. Haben wir leider keine da, sind aber bestellt, kommen wahrscheinlich morgen schon mit. Du bekommst solange ein Ersatzgerät. Ich ruf dich an, wenn dein Roboter wieder einsatzbereit ist."

Hinnerk legte den Karton mit dem roten Luxusmodell auf Brigittas Rollator.

„Ich bin gespannt, wie er dir gefällt", sagte er. „Wer den einmal gehabt hat, will nie wieder einen anderen."

„Oh doch, Hinnerk! Ich will mein schwarzes Ufogerät wiederhaben."

„Bekommst du auch, Gitta. Dann kannst du dich ja noch immer entscheiden. – Was macht eigentlich mein Schal?"

„Oh, Entschuldigung! Der ist fertig. Hab ich in der Aufregung ganz vergessen. Ich bring ihn dir mit, wenn ich Stanley abholen komme."

„Stanley ... aha ...", murmelte Hinnerk. „Na, dann viel Spaß mit dem Großen. Aufgeladen ist er."

Brigitta nannte ihn Ludwig.

Sie ließ ihn in seinem Karton und stellte ihn in die Ecke. Sie brauchte kein Luxusgerät. Und da sie ohne Stanley nicht in der Wohnung sein mochte, nahm sie ihren Rollator und ging spazieren, kreuz und quer durch die Stadt, bis sie müde war.

Am nächsten Morgen ging sie früh aus dem Haus, lief die Straßen entlang, sehnte Hinnerks Anruf herbei und hoffte auch, irgendwo Margret zu treffen. Und wenn nicht, würde sie sie trotzdem besuchen. Margret hatte immer ein offenes Haus gehabt.

Im Bahnhofscafé bestellte sich Brigitta Brötchen und Kaffee, genoss die Geräusche und Menschen um sich herum und bekam auf einmal ein schlechtes Gewissen: Es war nicht richtig gewesen, Ludwig nicht auszupacken. Einen Roboter, nicht einmal, wenn es sich um ein Luxusmodell handelte, ließ man nicht einfach in seinem Karton in der Dunkelheit, allein in einer stillen und fremden Wohnung!

Brigitta eilte nach Hause, stellte den Rollator im Treppenhaus ab, sicherte seine Räder und beruhigte sich mit dem Gedanken, dass Stanley eigentlich doch nur Ferien machte. Was unterschied diese Situation denn von einem normalen Schüleraustausch? – Nichts! Tommi hatte damals zwei Wochen in einer Gastfamilie verbracht, und im Gegenzug war dieser Lutz dann gekommen, ein Energiebündel und den Kopf voller Flausen ...

Brigitta baute die Ladestation neben der Wohnzimmertür auf, dann holte sie Ludwig aus seiner Verpackung und drückte den Schalter.

Ludwig brummte laut, fuhr eine gerade Bahn durch den Raum, stieß – *rums! rums!* – ein paarmal gegen den Schrank, kehrte um, schob zwei Stühle zusammen, erklomm ohne jede Mühe den Teppich und säuberte ihn gründlich und systematisch, wobei er schrill vor sich hin pfiff. Dann fuhr er wieder hinunter, saugte die Fransen und – saugte sich fest.

„Lass los!", sagte Brigitta, aber Ludwig knurrte und jaulte, zog ohne Sinn und Verstand; seine Räder und Bürsten drehten sich auf der Stelle.

Brigitta schaltete ihm den Strom ab.

„Junge, was soll das?! Damit tust du dir doch nur selbst weh. Ich setze dich mal unter den Esstisch."

Ludwig aß die Brötchenkrümel bis auf den letzten Rest auf, und Brigitta lobte ihn. Doch dann fuhr er hinter den Fernseher, kletterte zwischen die Kabel, verheddert sich, schaltete in den Turbomodus und versuchte freizukommen, so dass DVD-Player und Satellitenreceiver ins Rutschen gerieten, aber Brigitta schaffte es gerade noch, sie aufzufangen.

Sie setzte Ludwig drei Schritte vom Fernseher weg, verstellte ihm den Weg mit einem schweren Sessel und versuchte, die einzelnen Kabel ihren Geräten zuzuordnen – da fiel krachend der Oleanderbaum um.

„Ludwig!"

Brigitta sprang über den Sessel, hob den Baum auf und brachte ihn im Schlafzimmer in Sicherheit. Die Tür schloss sie ab, während Ludwig unter der Fensterbank jaulte – lauter und schriller als je zuvor. Offenbar hatte sein Sensor die ausgekippte Blumenerde als „besonders verschmutzte Stelle" gemeldet, denn der Roboter war in den Intensivmodus gewechselt und fuhr nun wie besessen vor und zurück und jammerte dabei, als hätte ihm jemand etwas zuleide getan.

„Du hast den Topf doch selbst umgeschmissen!", sagte Brigitta, schickte Ludwig in den Flur, holte den Staubsauger aus der Abstellkammer und dachte an Hinnerks Worte. Von wegen: *guten Gewissens unbeaufsichtigt arbeiten lassen.*

Sie saugte Erde und Blätter auf und steckte den blühenden Oleanderzweig, den Ludwig abgebrochen hatte, in ein Wasserglas. Draußen im Flur wurde gegen eine Tür getreten; kurz darauf klirrte es.

„Jetzt reicht's aber, Ludwig!"

Brigitta rannte zur Abstellkammer, in der eine rotierende rote Untertasse mit Glasflaschen kegelte.

„Du bist wie Lutz!", schimpfte sie. „Andauernd mit dem Kopf durch die Wand. Und immer alles mit Gewalt ... Du tobst dich jetzt besser im Treppenhaus aus!"

Sie packte ihn, setzte ihn raus und schloss die Wohnungstür ab. *Ohne* zu prüfen, ob seine Absturzsensoren in Ordnung waren. Es war ihr egal. *Wer nicht hören will, muss fühlen ...* Und wenn er wirklich so ein Luxusgerät war, wie Hinnerk behauptete, dann konnte er ja beweisen, dass er ohne Aufsicht zurechtkam.

Brigitta holte Wischtuch und Wassereimer, kniete sich auf den Boden vorm Fenster und – zuckte zusammen: Durchs Treppenhaus dröhnte ein Poltern und Scheppern, irgendwas sauste die Stufen hinab, schlug zweimal hart gegen ein Hindernis, dann war es still.

Nein, es war *nicht* still. Ein Motor im Turbogang dröhnte, jemand klopfte gegen die Wohnungstür, und als Brigitta öffnete, brummte Ludwig an ihr vorbei durch den Flur, ohne sie eines Blickes zu würdigen.

Dann war das eben nicht Ludwig gewesen? Brigitta lief hinaus.

Unten, am Ende der Kellertreppe, lag ihr Rollator. Die Beine verbogen, die blockierten Räder gen Himmel gestreckt. Sie hockte sich zu ihm.

„Ach, du Armer! Ich glaube, da muss Hinnerk uns helfen."

Oben aus der Wohnung war ein lautes Knurren zu hören.

„Bin gleich wieder da!", sagte Brigitta zu ihrem Rollator und sauste die Treppe hinauf. Nicht, dass jetzt *noch* ein Unglück passierte! Vom Eingang her sah sie ihn schon. Er steuerte eilig auf seine Ladestation zu, dann gab es den nächsten Knall.

War das normal? Kuppelten Staubsaugerroboter immer so heftig an?

Kurz entschlossen zog sie den Stecker, stellte Ludwigs Schalter auf null und packte beide Geräte in den Karton zurück, den sie mit einem Koffergurt zusätzlich sicherte. Sie traute niemandem mehr.

Brigitta betrat das Elektrogerätegeschäft ihres Bruders, in der linken Hand einen verschnürten Karton, über der rechten Schulter einen Rollator, der nicht mehr rollte, und ging langsam zum hinteren Tresen durch.

„Grüß dich Hinnerk."

„Oh ...", sagte Hinnerk. „Bist du verletzt?"

„Nein, nur der Rollator."

„Stell erst mal ab. – Dein Roboter ist gerade wieder in Ordnung. Lag tatsächlich am Akku. Er hat einen neuen bekommen."

Hinnerk holte Stanley aus dem Regal, wickelte ihn in Tommis Decke und tat ihn in eine Stofftasche, die er Brigitta hinüberschob.

„Das hätten wir dann schon mal. Und? Wie hat dir das teure Gerät gefallen?"

„Gar nicht! Ist mir zu eigensinnig, zu laut, zu stark, zu wehleidig, und – ich glaube, da ist eben auch etwas kaputtgegangen, als er sich aufladen wollte. Hat ziemlich gerumst. Ich habe gleich den Stecker gezogen, das Gerät ausgemacht und bin hergelaufen."

Hinnerk öffnete den Karton.

„Ich sehe schon, was da passiert ist", sagte er. „Der hat beim Andocken an die Ladestation seine Kontakte kaputtgefahren."

„Genau wie Lutz. Weißt du noch? Der wusste auch nie, wohin mit seiner Kraft. Stand immer dermaßen unter Strom ..."

Brigitta schlug sich erschrocken mit der Hand auf den Mund. „Unter Strom ...", wiederholte sie. „Hinnerk, ich glaube, das ist meine Schuld. Wahrscheinlich hat er den Ökostrom nicht vertragen."

„Was meinst du damit?"

„Ja, der ist ihm zu sauber, zu hochprozentig oder wie immer das heißt. Ich habe doch den Stromanbieter gewechselt, das ist wie bei den Autos mit Dieselmotor: Manche dürfen kein Rapsöl tanken, davon gehen sie kaputt, weil das Öl zu gesund ist ..."

„Nein, Gitta, der Fehler liegt irgendwo anders. Das scheint eine Kinderkrankheit zu sein bei diesem Modell."

„Na, hoffentlich wird er wieder gesund", sagte Brigitta. „Also, der Lutz hat irgendwann Ritalin bekommen, der ist später ein richtig netter Junge geworden ... Aber trotzdem, Hinnerk: So einen will ich nie wieder haben. Nicht mal, wenn der gründlich therapiert, ich meine, repariert ist."

Sie hängte sich die Tasche mit Stanley über die Schulter und drückte sie an sich.

Hinnerk räusperte sich.

„Und was war nun mit deinem Rollator?", fragte er.

„Den hat dein Lutzus..., ich meine, dein Luxusmodell die Kellertreppe runtergestoßen. Obwohl ich die Bremsen, diese Parksicherung, festgestellt hatte."

Hinnerk sah sich den Gehwagen an.

„Keine Sorge, Gitta, den kriegen wir wieder hin."

„Wenn ich dich nicht hätte!", sagte Brigitta. „Kennst du dich eigentlich auch mit Kabeln aus? Ich meine, wenn die draußen sind? Welches wohin gehört. Beim Fernseher, DVD-Player, Lautsprecher, Satellitendings. Und wie das genau mit der Verbindung von Telefon und Internet ist?"

„Ja. Das gehört zu meinem Beruf."

„Ob du dir das vielleicht mal ansehen könntest, Hinnerk? Kommst einfach mal auf ein Bierchen vorbei ... Dann kriegst du auch deinen Schal. – Entschuldige bitte, den habe ich schon wieder vergessen."

„Wieso?", fragte Hinnerk. „Das mit dem Bier und dem Schal geht natürlich in Ordnung, aber wieso sind beim Fernseher und Telefon die Kabel herausgezogen?"

„Also, *ich* war's nicht!" Brigitta zeigte auf Ludwigs Karton.

Hinnerk grinste. „Ich sehe mir das an, wenn ich heute Abend mit dem Gehwagen komme. Kabelbinder bringe ich mit. Könnte es sein, dass bei dir hinterm Fernsehgerät nicht alles ‚staubsaugerroboterfreundlich' organisiert ist?"

„Könnte sein, Hinnerk. – Aber wahrscheinlich bin ich nachher bei Margret. Die hat doch Geburtstag."

„Dann gehst du halt zu Margret, und ich bringe das schnell alleine in Ordnung. Einen Schlüssel zu deiner Wohnung habe ich ja. Aber – hast *du* denn überhaupt ein Geschenk?"

„Ach ja, das Geschenk. Etwas Nützliches in Grasgrün ..."

„Elektrische Zahnbürste, Heizdecke, Milchaufschäumer, Bohrhammer ...", begann Hinnerk, aber Brigitta hörte ihn nicht; ihr kam auf einmal eine Idee:

War Margret vielleicht nur deshalb so oft unterwegs, weil sie es zu Hause nicht aushielt? Weil es ihr dort zu ruhig und zu gleichförmig war? War ihre Wohnung deshalb womöglich auch nicht mehr ganz sauber und aufgeräumt?

„Sag mal Hinnerk, habt ihr die Staubsaugerroboter eigentlich auch in Grasgrün?"

„Welche?"

„Solche wie den hier." Sie klopfte auf die Tasche an ihrer Hüfte.

„Haben wir. Soll er als Geschenk eingepackt werden?"

„Nein danke, ich muss ihn ja vorher noch laden."

Und Stanley auch, fügte sie in Gedanken hinzu. Sie konnte Stanley doch nicht zu Hause lassen, wenn sie Margret besuchte!

Bepackt mit einem Picknickkorb und zwei aufgeladenen Staubsaugerrobotern klingelte Brigitta an Margrets Wohnungstür. Nach dem fünfundzwanzigsten Mal hörte sie leise Schritte, nach dem fünfunddreißigsten Mal wurde die Tür einen Spalt breit geöffnet.

„Ach du bist es, Brigitta."

„Herzlichen Glückwunsch, Margret!"

„Tut mir leid, ich kann dich nicht reinlassen, ich bin gar nicht auf Besuch eingestellt, immer beschäftigt, weißt du, ich bin die letzte Woche überhaupt nicht zum Putzen gekommen ..."

Brigitta erkannte mit einem Blick, dass es nicht nur die letzte Woche gewesen sein konnte: Margrets Wohnung quoll über von hingeworfenen Kleidungsstücken, Einkaufstüten, Zeitungen, irgendwelchen Paketen und Körben; und in der Küche stapelte sich das Geschirr bis unter die Decke.

„Glaubst du etwa, bei mir sieht – äh sah – die Wohnung anders aus?", sagte Brigitta schnell. „Das kriegen wir hin! *Was für einen ist zu viel, ist für zwei ein Kinderspiel*, hat meine Mutter immer gesagt. Und jetzt musst du raten, was ich dir mitgebracht habe: Ist groß wie ein Kuchenteller, hoch wie ein Fladenbrot, grasgrün und brummt ..."

Margret seufzte. „Komm rein. Du hast ja eh schon gesehen, wie's bei mir aussieht. Ich weiß nur nicht, wo wir sitzen sollen."

„Früher haben wir bei dir sogar Platz gefunden, wenn wir zehn Mütter und zwölf Kinder waren", sagte Brigitta.

„Das stimmt." Margret lächelte versonnen. „Sogar auf dem Teppich zwischen ausgekippten Legosteinen."

Brigitta und Margret krempelten die Ärmel hoch und räumten so lange, bis auf dem Fußboden ein Fleckchen zum Sitzen und auf dem Tisch Platz für Kaffee, Kuchen und einen blühenden Oleanderzweig war. Dann wickelte Margret das Geschenk mit der grasgrünen Schleife aus ...

Sie nannte ihn Benjamin.
Benjamin verstand sich auf Anhieb mit Stanley. Die Roboter summten und krabbelten, gaben sich Küsschen, saugten einige Stellen fünfmal hintereinander und andere gar nicht, schoben einen Handfeger unter die Couch und holten Spinnweben aus unzugänglichen Ecken hervor, während Brigitta und Margret ihnen den Weg freiräumten, Sachen sortierten, putzten und im Fünfminutentakt nebeneinander auf dem Boden knieten, um ihre kleinen Staubsaugerroboter sauber zu machen.

„Müssen die eigentlich immer so oft ausgeleert werden?", fragte Margret.

„Nein, nur am Anfang", erklärte Brigitta. „Wenn du erst mal Grund in der Wohnung hast, kommst du mit zweimal pro Stunde aus. Es gibt auch Saugroboter mit größerem Staubfach, sogar welche, die automatisch ihren Mülleimer ansteuern, der mit der Ladestation verbunden ist; die sind auch viel stärker und putzen nicht so chaotisch, ich meine, nicht nach dem *Amöbenprinzip*, aber dafür sind sie sehr schlecht erzogen, schubsen andere, machen Sachen kaputt und jaulen rum."

„Vollkommen ungeeignet", sagte Margret und setzte Benjamin zum Spielen vor die Balkontür.

„Besonders für Leute im Ruhestand", fügte Brigitta hinzu. „Was macht ihr da eigentlich so in eurem Seniorenclub?" Sie schob Stanley in Benjamins Richtung.

„Bei Bedarf gründen wir Arbeitsgruppen; sonst ist es ähnlich wie damals bei uns im Mutter-und-Kind-

Treff: Kaffee trinken, handarbeiten, Probleme besprechen. Ob du's glaubst oder nicht: Die meisten bekommen überhaupt nichts mehr auf die Reihe, sobald sie in Rente sind. Weil sie keine *Aufgaben* mehr haben."

„Und keine *Struktur*", ergänzte Brigitta. „Also, *mein* Stundenplan funktioniert ganz gut: *eine* Stunde putzen, *vier* Stunden stricken und Energie tanken. Und das Ganze dreimal am Tag."

„Optimal für Senioren", sagte Margret. „Und wenn sie dann noch für jemanden sorgen dürfen ..."

Stanley und Benjamin hingen schon an den Ladegeräten, als Hinnerk, seinen neuen Schal um den Hals, mit dem reparierten Gehwagen kam. Er wünschte Margret Glück zum Geburtstag, murmelte etwas von „sortiertem Kabelsalat" und einem „Schal auf dem Schuhregal" und legte zwei Reservestaubfilter neben den Kuchenteller.

„Wie früher", sagte Margret. „Da hast du den Kindern auch immer eine Kleinigkeit mitgebracht. Warte, ich räume dir schnell einen Sessel frei."

„Bloß keine Umstände", sagte Hinnerk und setzte sich auf Brigittas Rollator. „Aber wenn du ein Bier im Haus hättest ..."

Margret stellte ihm eine Flasche in den Getränkehalter und kam gleich zur Sache:

„Gut, dass du gekommen bist, Hinnerk; wir haben gerade von dir gesprochen, wegen der neuen Arbeitsgruppe in meinem Seniorenclub. Habt ihr vielleicht noch ein paar von diesen Saugrobotern im Laden?"

Sie zeigte auf Stanley und Benjamin.

„Im Laden und auch im Lager." Hinnerk sah von Margret zu Brigitta und wieder zurück. „Wie viele benötigt ihr denn?"

„Für den Anfang müsste ein Dutzend genügen. Gern in unterschiedlichen Farben", sagte Margret, und Brigitta erklärte:

„Dann können wir sie besser auseinanderhalten. Wir treffen uns nämlich immer reihum."

Sammelbildertreueaktion

Bernhard schwang sich vom Fahrrad, nahm seinen Einkaufskorb und ging in den Supermarkt. „Große Sammelbildertreueaktion" stand über dem Eingang.

Bernhard rümpfte die Nase. *Treueaktion* ... Damit sollte den Kunden doch nur das Geld aus der Tasche gezogen werden. Die sollten mehr kaufen, als sie benötigten, um irgendwelche Punkte zu bekommen, für die es dann Dinge gab, die auch keiner brauchte ...

Bernhard kaufte nichts Unnötiges ein. Grundsätzlich nicht.

Er ging durch die Reihen, griff sich links ein Paket Kräutertee zu einsneunundzwanzig, rechts eine Flasche Orangensirup zu zweineunundddreißig und eilte zur Informationssäule neben dem Käseregal.

Was gab es denn diese Woche im Angebot?

Handcreme. Fünfundzwanzig Prozent Rabatt. Nicht schlecht. Aber Handcreme brauchte er nicht. Vielleicht hatte er in der nächsten Woche ja Glück, und sie setzten seinen Orangensirup herab oder den Kräutertee ...

„Verzeihen Sie ..."

„Aber gern." Bernhard trat einen Schritt zur Seite, um die Dame im himmelblauen Kostüm vorbeizulassen; doch die Dame blieb stehen.

„Ich habe meine Brille leider vergessen", sagte sie. „Ob Sie mir wohl das Haltbarkeitsdatum von diesem Joghurt sagen könnten?"

Bernhard las es ihr vor.

„Vielen Dank, und verzeihen Sie, wenn ich Sie belästigt habe."

„Keinesfalls haben Sie das", sagte Bernhard. Er lebte zwar nicht ungern allein, doch einem kleinen Plausch mit freundlichen Menschen war er trotzdem nicht abgeneigt.

So, was brauchte er noch? Er tat Marmelade, Brot, Milch, Äpfel und Tomaten in seinen Korb – Toilettenpapier hatte er noch – und stellte sich an der Kasse hinter die Dame in Himmelblau, die gerade Schinken, Pralinen, Artischocken und Nagellackentferner aufs – bereits vollgepackte – Band legte. Nun, die Menschen benötigten halt unterschiedliche Dinge ...

Die Dame zahlte einundneunzig Euro und vierundsiebzig, während Bernhard mit elf Euro achtundzwanzig auskam – er kaufte hier jede Woche für zehn bis zwölf Euro ein.

Die Kassiererin gab ihm das Wechselgeld, legte ein Buch zu den Waren, die er eingekauft hatte, und sagte: „Für treue Kunden."

„Für mich?"

Bernhard sah sich um; aber er war der Einzige an der Kasse.

„Ein Sammelalbum", sagte sie. „Für die Treueaktion, die heute beginnt. Und da Sie für elf Euro eingekauft haben, bekommen Sie gleich noch ein Tütchen mit Bildern dazu."

„Sammelbilder?", fragte Bernhard. „Keine Treuepunkte?"

„Fußballbilder. Für das Fußballbildersammelalbum."

„Fußball ist meine Leidenschaft", sagte Bernhard. „Und das Buch ist – großartig. Aber ich weiß nicht ..., ich brauche es ja nicht notwendigerweise. – Wie viel müsste ich da denn jetzt zubezahlen?"

„Keinen einzigen Cent. Im Gegenteil. Sie werden bei jedem Einkauf, der mindestens zehn Euro kostet, ein Tütchen mit fünf Aufklebern gratis erhalten."

„Ganz herzlichen Dank! Nur habe ich das mit den zehn Euro noch nicht genau verstanden ..."

„Das ist ganz einfach", sagte die Kassiererin. „Wenn Sie für zehn Euro einkaufen, erhalten Sie *eine* Tüte. Wenn Sie für zwanzig Euro einkaufen, erhalten Sie *zwei*, für dreißig Euro *drei* und so weiter. Der Zehner muss aber immer voll sein. Das heißt, für neun Euro neunundneunzig gibt es leider noch nichts, und für neunzehn Euro neunundneunzig gibt es nur ein einziges Tütchen."

„In dem Fall", sagte Bernhard, „würde ich einfach ein Päckchen Jodsalz zu neunzehn Cent zusätzlich kaufen. Selbst wenn ich es nicht benötigte. Salz hält sich ja."

Er bedankte sich zum zweiten Mal und wünschte einen schönen Tag.

Zu Hause blätterte Bernhard das Buch ein paarmal hintereinander durch. Es sah fantastisch aus. Besonders, als die fünf Bildchen eingeklebt waren. Schon als Schuljunge hatte er sich ein Sammelalbum gewünscht ... Wie viele Aufkleber brauchte er eigentlich, bis es voll war? – Aha. Dreihundertsechzig.

Aber fünf hatte er ja bereits, was bedeutete, dass es jetzt nur noch dreihundertfünfundfünfzig leere Felder gab. Außerdem würde er beim nächsten Einkauf wieder fünf Bilder bekommen. Oder vielleicht sogar zehn? Wenn er ausnahmsweise einmal für zwanzig Euro einkaufte ...

Am darauffolgenden Mittwoch erstand Bernhard zwar keine unnötigen Dinge, aber er legte einige Vorräte an. Griff links *zwei* Päckchen Kräutertee, rechts *zwei* Flaschen Orangensirup, bevorratete sich mit einem Glas Honig und zwei Gläsern Marmelade und las sich an der Säule neben dem Käseregal durch, was im Angebot war.

Cola. Die Flasche fünfzig Cent billiger. Für jede Sechserpackung also drei Euro Ersparnis. Ebenfalls gar nicht schlecht. Aber Cola brauchte er nicht. Eher Waschpulver, am besten im Doppelpack. Vielleicht auch noch Toilettenpapier? Er streckte die Hand aus und zog sie dann doch wieder zurück. Denn vielleicht war das ja gar nicht mehr nötig.

Bernhard addierte die Preise der Waren in seinem Korb und kam auf neunzehn Euro und achtundachtzig. Er brauchte also gar kein Toilettenpapier! Jodsalz zu neunzehn Cent reichte vollkommen. Damit war er bei zwanzig Euro und sieben und erhielt an der Kasse zwei Tütchen mit insgesamt zehn Sammelbildern, die er zu Hause gleich in sein Album klebte.

Das Buch wurde von Mal zu Mal schöner! Und nun gab es nur noch dreihundertfünfundvierzig leere Felder.

Endlich war wieder Mittwoch und Einkaufstag! Allerdings riss sich Bernhard diesmal zusammen. Sicher, er hatte in der Woche zuvor nichts Unnötiges eingekauft; doch widerstrebte es ihm, sich die Schränke mit Vorräten vollzustopfen – nur wegen der Sammelbilder.

Er schwang sich vom Rad, ging mit dem Korb in den Supermarkt, ließ links den Kräutertee liegen und rechts den Orangensirup, kaufte nur, was er tatsächlich brauchte, und eilte zur Informationssäule neben dem Käseregal. Was es wohl diese Woche günstiger gab?

Cola. Fünfzig Cent billiger. – Aber die war doch schon in der letzten Woche herabgesetzt ... Stand da kein Datum? – Doch, unten rechts, winzig klein. – Genau. Das Angebot war abgelaufen.

Bernhard fragte eine Angestellte, die gerade Salatgurken ins Gemüseregal legte:

„Entschuldigen Sie, was ist denn diese Woche im Angebot?"

„Steht an der Säule."

„Das Plakat ist veraltet", sagte er.

„Dann kann ich Ihnen leider nicht helfen, aber die an der Kasse müssten es wissen."

Bernhard bedankte sich, ging Richtung Kasse und hörte hinter sich eine Stimme, die ihm bekannt vorkam:

„Verzeihen Sie bitte ..."

„Aber gern!", Bernhard drehte den Kopf. Dieses Mal trug die Dame ein *Tuch* um den Hals, das himmelblau war.

„An die Brille habe ich heute gedacht", sagte sie, „aber wenn Sie mir freundlicherweise den Camembert von dort oben aus dem Regal reichen würden ..."

Bernhard gab ihr den Käse in die Hand, und sie legte ihn in den hoch beladenen Einkaufswagen auf die Getränke – sieben Sechserpackungen Cola.

Schade, dachte Bernhard, *eine Woche früher hätte sie einundzwanzig Euro gespart.*

„Vielen lieben Dank."

„Aber sehr gern!" Bernhard sah ihr einen Augenblick hinterher, dann besann er sich und rechnete die Preise der Waren in seinem Korb zusammen: Acht Euro und sechs. Also fehlten ihm jetzt nur noch einsvierundneunzig. War das nicht wunderbar?! Wo das Toilettenpapier genau einsfünfundneunzig kostete? Er würde auf eine Summe von zehn Euro eins kommen und hätte folglich nur einen einzigen Cent verschenkt ...

Bernhard legte das Toilettenpapier in den Korb und stellte sich an der Kasse hinter die Dame mit dem himmelblauen Halstuch.

„Möchten Sie vor?", fragte sie. „Sie haben ja nicht so viel."

„Nein danke, ich bin kein ungeduldiger Mensch", sagte Bernhard, obwohl er in Gedanken bereits seine fünf Fußballbilder ins Album klebte.

„Einhundertzwei Euro und sieben", sagte der Kassierer.

„So viel kann das nicht sein!" Die Dame ließ sich den Kassenbon geben. „Da muss ein Fehler passiert sein. – Ja. Die Cola. Die kostet achtundneunzig Cent und nicht einsachtundvierzig, weil sie im Angebot ist."

„Heute nicht mehr."

„Davon stand aber nichts dran."

„Doch. Das steht immer dabei. Unten rechts auf dem Plakat. Gültig bis ..."

„Das ist nicht ganz fair", sagte Bernhard und streckte sich. „Das Plakat war alt, und das Kleingedruckte können viele nicht lesen, weil es zu klein gedruckt ist."

Der Kassierer warf ihm nur kurz einen Blick zu, dann wandte er sich wieder der Dame zu: „Wenn Sie die Cola nicht möchten, kann der Artikel ausgebucht werden."

„Nein, ich nehme sie trotzdem", sagte sie, zahlte, ging zwei Schritte beiseite und steckte das Wechselgeld ein, während der Kassierer Bernhards Artikel über den Scanner zog.

„Neun Euro einundachtzig", verkündete er.

„Das kann nicht angehen! Sie haben mir zu wenig abgezogen." Bernhard ließ sich den Kassenbon geben. „Da. Das Toilettenpapier. Das kostet einsfünfundneunzig und nicht einsfünfundsiebzig."

„Ist heute im Angebot."

„Das stand aber nicht dran."

„Dann freuen Sie sich doch!"

„Ich muss aber auf über zehn Euro kommen", sagte Bernhard. „Wegen der Sammelbilder. – Oder könnten Sie vielleicht eine Ausnahme machen und mir trotzdem ein Tütchen geben?"

„Das dürfen wir leider nicht."

„Dann kaufe ich schnell noch ein Päckchen Jodsalz dazu, dann sind es ganz genau zehn."

„Der Vorgang ist aber schon abgeschlossen. Wenn Sie noch Salz kaufen, ist das ein neuer Einkauf. Und der wäre ebenfalls unter zehn Euro. Sie haben nur ein Anrecht auf Bilder, wenn jeweils zehn Euro voll sind."

Bernhard holte tief Luft und hielt dem Kassierer einen Zehneuroschein hin, als die Dame mit wehendem himmelblauen Tuch zur Kasse zurückeilte.

„Ein *Anrecht*, wenn jeweils zehn Euro voll sind", wiederholte sie, „ich habe über *hundert* bezahlt ..."

Der Kassierer zählte wortlos zehn Tüten ab, reichte sie ihr, nahm Bernhard den Geldschein ab und gab ihm vier Münzen zurück.

Bernhard blieb ebenfalls stumm. Er konnte es einfach nicht fassen: Da war endlich mal einer von *seinen* Artikeln im Angebot, und das wurde ihm dann zum Verhängnis ...

Kopfschüttelnd ging er hinaus, klemmte den Korb auf dem Fahrradgepäckträger fest und hakte den Spanngurt ein.

„Verzeihen Sie bitte ..."

Bernhard sah hoch. Die Dame hielt ihm ihre Tüten mit Aufklebern hin.

„Das mit dem Sonderangebot war wirklich nicht fair", meinte sie. „Ihnen hätte ein Tütchen zugestanden. Hier, nehmen Sie sie; ich sammle ja nicht."

„Das ist ... reizend von Ihnen", sagte Bernhard und sah sich im Geiste *fünfzig* Fußballbilder einkleben. „Ganz ... herzlichen Dank!"

„Keine Ursache! Und falls Sie an weiteren Sammelbildern Interesse haben ... Ich kaufe jeden Mittwoch gegen vierzehn Uhr dreißig hier ein. Für meine Nachbarin immer gleich mit und oft auch für das Ehepaar über mir." Sie lächelte.

„Oh ... sehr gern. Also ... dann bis Mittwoch ... vierzehn Uhr dreißig."

Bernhard lächelte auch und schwang sich aufs Rad. Er fühlte: Dies war der Beginn einer wunderbaren Treueaktion.

Das neue Narkosemittel oder: Im Metrobus durch Hamburg

„Guten Morgen, ich komme wegen der Brücke", begrüße ich die Arzthelferin am Tresen, die mir seit vielen Jahren vertraut ist, und gehe weiter ins Wartezimmer, wo ich mir gleich das *Buntgoldene Blatt für die moderne Frau* greife und die Seite mit dem Horoskop aufschlage. „Liebe: ..." Wie wunderbar! Ich werde ein „besonderes Erlebnis" haben, ich werde ...

Die Arzthelferin reicht mir ein Formular.

„Was ist das?"

„Wie besprochen: die Einverständniserklärung. Für die Kosten, die Art der Behandlung, das neue Narkosemittel."

„Alles klar", sage ich, setze schnell meine Unterschrift aufs Papier und lese weiter im Horoskop: Ich werde „sehr glücklich" sein. Die Begegnung ... „wird mein Leben bereichern" ...

„Sie können schon mitkommen."

„Moment, ich bin noch nicht fertig."

Die Arzthelferin lächelt, nimmt mir das Formular und die Zeitschrift ab und schiebt mich sachte hinaus.

Die „Begegnung mit einem" ... Was hat da gestanden?

Der Zahnarzt reicht mir die Hand.

Ich setze mich in den Behandlungsstuhl, mache den Mund auf und fühle ein leichtes Pieksen.

„Ist alles in Ordnung?"

Ich nicke und versuche, mich an den Wortlaut des Horoskops zu erinnern. Genau. Jetzt fällt es mir wieder ein. *Molirapad* hat da gestanden. Ich werde sehr glücklich sein, denn ich werde *Molirapad* begegnen.

„Den Kopf bitte ein Stückchen nach rechts", höre ich eine Stimme, während mein Sessel sachte nach hinten kippt.

Ist das gemütlich! Ich schließe die Augen. Molirapad. Wie aufregend das klingt! Und ich werde ihm noch in dieser Woche begegnen.

Nein, Moment mal, die Zeitschrift war alt, von *voriger* Woche. Das heißt dann ja wohl, ich hatte dieses Erlebnis bereits. Ich muss diesem Molirapad schon begegnet sein, vor einigen Tagen ...

In meinen Ohren brummt und summt und pfeift es ein wenig, ich höre ein leises Blubbern. Ja, das ist der Motor vom Metrobus! Vom Metrobus Fünf Richtung Hamburger Innenstadt. Ich stehe am Siemersplatz in der Sonne. Wir haben das erste Wochenende im Mai.

Der Bus hält, und ich steige ein, sage dem Fahrer Hallo.

„Grüß Gott", antwortet dieser und lächelt mich an. Er sieht gut aus, hat eine wohltönende Stimme, spricht bayerischen Dialekt.

„Einmal bitte zum Gänsemarkt."

„Macht zweihundertfünfundneunzig Euro", sagt er und lacht. Ich lache auch.

„Den Mund bitte offenlassen!"

Ich lege zwei Euro fünfundneunzig abgezählt auf den Tresen, wo der Fahrer das Geld hin- und herschiebt und dann in die Öffnungen fallen lässt.

„Das ist mein Münzen sortierender Spartopf", erklärt er und meint, ich solle mich auf den Platz neben ihm setzen und dass er sich auch demnächst eine Gans zulegen werde.

„Wieso *auch*?", frage ich.

„Sie wollen doch zum Gänsemarkt! Hahahaha!"

Ich muss ebenfalls wieder lachen. Ich finde den Fahrer wahnsinnig komisch, und er hat so herrliche dunkle Augen – wenn auch einen etwas verschlagenen Blick.

Am Veilchenweg steigen vierzig ältere Damen ein; sie tragen allesamt Kärtchen an hellblauen Bändern um ihren Hals und wollen zum Jungfernstieg.

„Zum Jungfernstieg", prustet der Fahrer los. „Hahahaha, huhuhuhu!" Macht vierzig mal zweihundertfünfundneunzig Euro."

Die Frauen gehen an uns vorbei.

„Kreizsacklzement", brummt der Fahrer, „ihr könntet mir ruhig zwei Euro fünfundneunzig bezahlen!"

Doch die Frauen stellen sich ungerührt in der Mitte des Busses auf und stimmen ein frommes Pfingstlied an.

Richtig, fällt es mir ein, in Hamburg ist diese Woche ja Kirchentag.

„Ich geb' jetzt mal volle Kante", sagt der Fahrer, gibt Gas und zwinkert mir zu, „damit der Motor das Gejaule im Fahrgastraum übertönt."

Schon sausen wir über die Busspur.

„Wow! Was für ein Sound!", sage ich.

„Ich fräse noch ein Stück mehr ab, damit die Brücke später auf gleicher Höhe sitzt", erklärt mir der Fahrer.

Ich muss schon wieder lachen, weil das alles so witzig ist und erzähle ihm, dass die Hoheluftbrücke, auf der wir jetzt halten, doch schon im letzten Jahr saniert worden ist. Unvermittelt hält mir der Fahrer die Hand hin und meint: „Ich heiße übrigens Molirapad."

„Und ich Rosalinde", sage ich, weil mir mein richtiger Name im Augenblick nicht einfallen will. Aber das ist auch egal.

Inzwischen sind wir bei den Grindelhochhäusern angelangt. Eine Touristengruppe steigt ein, das Kleingeld klimpert, und Molirapad lässt es in die verschiedenen Öffnungen rutschen. Er lächelt die Fahrgäste an, sagt jedes Mal: „Gott vergelt's."

Als wir auf Höhe der Hallerstraße an der Busampel halten, erzählt Molirapad mir, dass er katholisch ist. Und dabei entleert er die Fahrgeldkasse in einen Klingelbeutel, der hinter ihm neben der Jacke hängt.

„Ich mache Aushilfe beim HVV", fährt er fort. „Weil die norddeutschen Kollegen alle zum Kirchentag wollten."

„Nett von Ihnen", sage ich, doch Molirapad winkt bescheiden ab.

„Christliche Nächstenliebe", sagt er, schaltet in den siebzehnten Gang – *huiii* – und lässt die wartenden Menschen am Grindelhof stehen. Erst bei der Staatsbibliothek stoppt er wieder, wo japanische, indische und afrikanische Familien einsteigen, die allesamt mit Münzen bezahlen. Molirapad kichert.

„Geld Geld Geld Geld", sagt er zu mir. „Ich brauche Geld, viel Geld, aber nicht für mich, sondern für meine Mütter, denn nächste Woche ist Muttertag. Ich kaufe Blumen für meine eigene Mutter, für meine Schwiegermutter, für die Frau meines Vaters und für die neue Liebe meines Schwiegervaters und für meine acht Omas: vier mütterlicherseits, vier väterlicherseits. Sie sind alle eine neue Bindung eingegangen – darum sind es so viele – darum brauche ich so viel Geld. Hahahaha, huhuhuhu."

Vor Lachen knallt er fast mit dem Kopf auf das Lenkrad, und ich lache mit, fühle mich unheimlich gut – entspannt und etwas schwindelig, ein bisschen wie in der Achterbahn.

„Und Sie sind wirklich katholisch?", frage ich Molirapad, als wir uns wieder beruhigt haben. „Ich meine, weil die in Ihrer Familie anscheinend alle geschieden sind."

„Jo mei", winkt er ab. „Wir Bajuwaren sind halt ein weltoffenes Volk. Deshalb stört mich ja auch der evangelische Kirchentag nicht. Ich habe nicht mal was gegen das Singen im Bus, jedenfalls nicht, wenn ich Gas geben kann ..."

Mit diesen Worten tritt er das Pedal bis zum Anschlag durch, fährt ohne zu halten am Dammtor und an der Oper vorbei und hupt die anderen Linienbusse von unserer Spur. „Ich mag's nur nicht", fährt er fort,

„dass die Besucher vom Kirchentag alle Zeitkarten haben, dieses Plastikgeld am bayrisch-blauen Bändsel. Blasphemie nenne ich so was. Keinen einzigen Cent haben die übrig für meinen Klingelbeutel und meine Mütter! Exkommunizieren sollte man die. – War nur ein Scherz. Gleich sind wir am Gänsemarkt. – Aussteigen bitte!"

Ich fühle mich wundervoll und sage: „Wissen Sie was, ich fahre weiter mit Ihnen zum Hauptbahnhof."

„Ausspülen bitte!"

Irgendwer fährt meinen Sitz hoch.

„Für heute sind Sie fertig. Wie geht es Ihnen?"

„Großartig", sage ich.

„Keine Schmerzen gehabt?"

„Nein, überhaupt nicht."

„Irgendwelche Halluzinationen? Wahnvorstellungen?"

„Nein. Im Gegenteil. Ich habe einen Busfahrer kennen gelernt, er war katholisch. Wir sind mit hundertzwanzig über die Grindelallee gebraust, damit wir die Jungfern nicht hören mussten, die das fromme Lied von den Gänsen sangen ..."

„Verstehe", sagt der Mann, der mir von irgendwoher bekannt vorkommt. „Ich denke, wir geben Ihnen das Molirapad nächste Woche in etwas geringerer Dosis. Vielen Dank, dass Sie sich bereit erklärt haben, an unserer Studie teilzunehmen."

Ich stehe auf, etwas taumelig. Keine Ahnung, wovon dieser Fahrgast da schwätzt. Ist auch egal. Ich bin glücklich. Mein Horoskop hat sich erfüllt. Was für eine Wahnsinnsbegegnung ...

„Auf Wiedersehen", sagt eine Frau.

„Servus, ihr alle", antworte ich, winke den weiß gekleideten Menschen vom Kirchentag zu und steige mit einem fröhlichen „Vergelt's Gott" aus dem Bus.